198

Gilles Deleuze
Lust und Begehren

Aus dem Französischen
von Henning Schmidgen

Merve Verlag Berlin

Wir danken Dominique Séglard für die freundliche Hilfe und Daniel Tyradellis für die redaktionelle Mitarbeit.

"*Désir et plaisir" erschien in:* magazin littéraire, *No. 325, Okt. 1994*
"Raymond Roussel ou l'horreur du vide" erschien in: Arts, *No. 933, 29. Okt. 1963*

Die Deutsche Bibliothek - CIP-Einheitsaufnahme

Deleuze, Gilles:
Lust und Begehren / Gilles Deleuze. Aus dem Franz. von Henning Schmidgen.
- Berlin : Merve-Verl., 1996
(Internationaler Merve-Diskurs ; 198)
ISBN 3-88396-130-2

NE: GT

Postfach 150 927 10671 Berlin
Printed in Germany
Druck- und Bindearbeiten: Dressler, Berlin
Umschlagentwurf: Jochen Stankowski, Köln
ISBN 3-88396-130-2

Inhalt

Zum Geleit

Antipsychiatrie und Wunschökonomie, Mikro-Politik des Wunsches, Mikro-Physik der Macht *und* Dispositive der Macht - *das sind Buchtitel und ein Programm bei Merve seit 1976.* Lust und Begehren *fügt sich 20 Jahre später in dieses Gedankengewebe ein und zeigt mit Bezug auf Foucault eine neue Tangente, die jetzt im Rückblick erst sichtbar wird. Und es ist das Privileg und Vergnügen von Verlegern, durch Kennerschaft und somit Nähe zu den Autoren deren Wege begleiten zu dürfen. Was Merve mit Deleuze und Foucault verbindet, ist eben nicht nur der Kleber am Buchrücken, sondern es ist das Affektive.*

Wir haben mit Deleuze bis eine Woche vor seinem Tode korrespondiert. In einer Handschrift, der zunehmend die Anstrengung der Krankheit anzusehen war, gab er seine Zustimmung zur Publikation seines Alphabets von A-H. Des weiteren ging es in der Korrespondenz um den Textzusammenhang. Deleuze schlug als Begleittext Was ist ein Dispositiv? *vor, den er auf dem Foucault gewidmeten Rencontre international im Théâtre du Rond-Point des Champs-Elysée im Januar 1988, vorgetragen hatte. Dort haben wir zuletzt Deleuze gesprochen . Da dieser Text bereits in deutsch vorlag, schlugen wir den hier abgedruckten Roussel -Aufsatz vor. Er sollte die Freundschaft zwischen Foucault und Deleuze als ersten und letzten Text einrahmen, wenn das das richtige Bild dafür ist.*

Die Verleger

François Ewald
Vorwort

Der folgende Text ist nicht nur bislang unveröffentlicht, er hat auch etwas Persönliches, Privates, Vertrauliches. Es handelt sich um eine Reihe von Aufzeichnungen - geordnet von A bis H -, die Gilles Deleuze mir anvertraut hatte, um sie an Michel Foucault weiterzuleiten. Das war 1977. Foucault hatte gerade Der Wille zum Wissen *[1976; dt. 1977] veröffentlicht, die Einleitung zu* Sexualität und Wahrheit, *wo er das Spiel der Kategorien hinterfragte, in denen die Kämpfe um sexuelle Befreiung reflektiert wurden. Die Rezeption des (kaum verstandenen) Buches fiel mit einer Art Krise von Foucault zusammen, der schon voll damit beschäftigt war, aus sich selbst herauszutreten und sich dem zuzuwenden, was die Problemstellung in* Der Gebrauch der Lüste *[1984; dt. 1986] und* Die Sorge um sich *[1984; dt. 1986] werden sollte. Gilles Deleuze wurde aufmerksam auf das, was er als Leiden seines Freundes wahrnimmt, und verfaßt also diese*

Aufzeichungen: Er zieht darin eine Bilanz seiner Konvergenzen und Divergenzen zu Foucault. Dabei handelt es sich nicht um eine Kritik und noch weniger um eine Polemik, sondern um eine ganz von freundschaftlicher Aufrichtigkeit geprägte Einladung, einen Dialog wieder aufzunehmen, der unterbrochen worden war.

Gilles Deleuze und Michel Foucault haben sich 1962 in Clermont-Ferrand bei Jules Vuillemin kennengelernt. Gilles Deleuze hatte gerade Nietzsche und die Philosophie *[dt.1976] veröffentlicht, und Foucault versucht ihn (anstelle von Roger Garaudy) an die Universität von Clermont-Ferrand berufen zu lassen, an der er selber lehrt. Das ist der Beginn einer langen Freundschaft. Deleuze lädt Foucault zum Nietzsche-Colloquium in Royaumont ein, dessen Organisation man ihm übertragen hatte. 1966 übernehmen sie gemeinsam die Verantwortung für die französische Fassung der neuen Nietzsche-Ausgabe von Colli-Montinari bei Gallimard. Als Deleuze 1969* Differenz und Wiederholung *und* Logik des Sinns *[dt. 1992 bzw. 1993] veröffentlicht, bespricht Foucault beide Werke im*

Nouvel Observateur *[1969]*[1] *und in einem Artikel in der* Critique *[1970]*[2]*, in welchem er, mit einem Satz, der berühmt werden wird, erklärt: „Eines Tages wird das Jahrhundert vielleicht deleuzianisch sein". Seinerseits rezensiert Deleuze* Die Archäologie des Wissens *[1969; dt.1973] in der* Critique *[1970]*[3]*. Nach dem Mai 1968 trifft Deleuze Foucault in der Gruppe Gefängnis-Information (*Groupe Information Prisons, G.I.P.*) wieder. Man sieht sie oft zusammen auf den Antijustiz-Demonstrationen zu Beginn der 70er Jahre. Das Erscheinen des* Anti-Ödipus *[1972; dt. 1974], dieses „außerordentlichen Überflusses neuer Vorstellungen und überraschender Begriffe", macht aus Deleuze einen der großen Denker der Zeit nach 68. Unmittelbar vor dieser Veröffentlichung widmete ihm die Zeitschrift* L'Arc *eine Ausgabe: Darin findet sich ein*

1 „Der Ariadnefaden ist gerissen", dt. v. W. Seitter, in: G. Deleuze & M. Foucault, *Der Faden ist gerissen*, (S.7-12). Berlin: Merve, 1977.

2 „Theatrum Philosophicum", dt. v. W. Seitter, in: Deleuze & Foucault, op.cit., S. 21-58.

3 „Ein neuer Archivar", dt. v. U. Raulff, in: Deleuze & Foucault, op.cit., S. 59-85.

wichtiges Gespräch, in dem es den beiden Philosophen gelingt, gemeinsam den neuen Status des Intellektuellen, seiner Arbeit und seines Verhältnisses zu den Kämpfen zu bestimmen[4]. *Der drei Jahre vor* Überwachen und Strafen *[1975; dt. 1976] erschienene* Anti-Ödipus *ist für Foucault zweifellos ein überzeugendes Werk gewesen: Alsbald trägt er seine eigene Version des Ödipus vor* (La vérité et les formes juridiques [1973][5]), *- ein Text und ein Thema, das er mehrere Male wieder aufnehmen wird. 1977 schreibt Foucault das Vorwort zur amerikanischen Ausgabe des* Anti-Ödipus *und macht daraus, gemäß den Kategorien, die diejenigen seiner letzten Arbeit sein werden, eine „Einführung in das nicht-faschistische Leben"*[6]. *Deleuze rezensiert*

4 „Die Intellektuellen und die Macht. Ein Gespräch zwischen Michel Foucault und Gilles Deleuze", dt. v. W. Seitter, in: Deleuze & Foucault, op.cit., S. 86-100.
5 „König Ödipus - Der Mann, der zuviel wußte" (dt. v. H. Brühmann), in: *Lettre International*, H. 5 (1989), S. 68-72.
6 „Der 'Anti-Ödipus' - Eine Einführung in eine neue Lebenskunst", dt. v. H.-J. Metzger, in: M. Foucault, *Dispositive der Macht. Über Sexualität, Wissen und Wahrheit*, (S. 225-230). Berlin: Merve, 1978.

Überwachen und Strafen *in der* Critique *(1975)*[7]. *Dann bricht der Dialog ab. Foucault wird Deleuze nicht wiedersehen. Als er im Juni 1984 ins Krankenhaus kommt, wird einer seiner letzten Wünsche sein, ihn noch einmal zu sehen.*
Die folgenden Aufzeichnungen sind also der letzte Text des Austausches Foucault-Deleuze, eine Einladung, die ohne Antwort geblieben ist. Außer der Freundschaft zwischen zwei Männern findet man darin das Modell für einen Dialog zwischen Philosophen, wie man ihn sich nur wünschen kann.

7 „Kein Schriftsteller: Ein neuer Kartograph", dt. v. U. Raulff, in: Deleuze & Foucault, op.cit., S. 101-136.

Lust und Begehren

A

Eine der wesentlichen Thesen von *Ü. und S.*[1] betraf die Dispositive der Macht. Wesentlich erschien sie mir in dreierlei Hinsicht:
1.) als solche und im Vergleich zum „Linksradikalismus“: eine weitreichende politische Neuartigkeit dieser Konzeption von Macht, im Gegensatz zu jeder Theorie des Staates.
2.) in bezug auf Michel, denn sie ermöglichte es ihm, die Dualität von diskursiven und nichtdiskursiven Formationen zu überwinden, die in *A.W.*[2] noch bestanden hatte, und zu erklären, wie die beiden Arten von Formationen sich aufteilen oder sich segmentweise verschränken (ohne ineinander aufzugehen oder sich zu ähneln... usw.). Es ging nicht darum, die Unterscheidung

1 „*Ü. und S.*“ steht für: M. Foucault, *Überwachen und Strafen. Die Geburt des Gefängnisses*. Übers. v. W. Seitter. Frankfurt/M., 1976.

2 „*A.W.*“ steht für: M. Foucault, *Die Archäologie des Wissens*. Übers. v. U. Köppen. Frankfurt/M., 1973

fallen zu lassen, sondern eine Erklärung für ihre Verhältnisse zueinander zu finden.
3.) wegen einer präzisen Konsequenz: die Dispositive der Macht verfuhren weder repressiv noch ideologisch. Ein Bruch also mit einer Alternative, die alle mehr oder weniger akzeptiert hatten. Anstelle von Repression oder Ideologie formulierte *Ü. und S.* ein Konzept der Normalisierung und der Disziplinen.

B

Diese These über die Dispositive der Macht schien mir in zwei getrennte, aber keineswegs widersprüchliche Richtungen zu weisen. Auf alle Fälle ließen sich diese Dispositive nicht auf einen Staatsapparat reduzieren. Sondern in der einen Richtung bestanden sie aus einer diffusen, heterogenen Mannigfaltigkeit, aus Mikro-Dispositiven. In einer anderen Richtung verwiesen sie auf ein Diagramm, auf eine Art abstrakte Maschine, die dem ganzen gesellschaftlichen Feld immanent ist (so der Panoptismus, der durch die allgemeine Funktion „Sehen ohne gesehen zu werden“ definiert ist, die auf eine beliebige

Mannigfaltigkeit anwendbar ist). Das waren zwei Richtungen der Mikro-Analyse, die gleichermaßen wichtig waren, denn die zweite zeigte, daß Michel sich nicht mit einer „Dissemination“ zufrieden gab.

C

W.W. [3] geht im Vergleich zu *Ü. und S.* einen Schritt weiter. Die Perspektive bleibt genau dieselbe: weder Repression noch Ideologie. Aber, um es gleich zu sagen, die Dispositive der Macht beschränken sich nicht mehr darauf, normalisierend zu sein. Sie tendieren dazu, konstituierend zu sein (für die Sexualität). Sie beschränken sich nicht mehr darauf, Wissen zu bilden, sie sind wahrheitskonstitutiv (für die Wahrheit der Macht). Sie beziehen sich nicht mehr auf „Kategorien“, die trotz allem negativ sind (Wahnsinn, Verbrechen als Gegenstand von Einschließung), sondern auf eine positiv benannte Kategorie (Sexualität). Dieser letzte Punkt wird

3 „*W.W.*“ steht für: M. Foucault, *Sexualität und Wahrheit I: Der Wille zum Wissen*. Übers. v. U. Raulff u. W. Seitter. Frankfurt/M., 1977.

am Anfang des Gesprächs mit Lucette Finas[4], S.104ff., bestätigt. In dieser Hinsicht glaube ich also an einen neuen Vorstoß der Analyse in *W.W.* Die Gefahr ist: Kommt Michel auf etwas dem „konstitutiven Subjekt" Entsprechendes zurück, und warum verspürt er das Bedürfnis, die Wahrheit zu neuem Leben zu erwecken, selbst wenn er daraus ein neues Konzept macht? Das sind nicht meine eigenen Fragen, aber ich denke, daß sich diese beiden falschen Fragen stellen werden, solange Michel dazu nicht mehr gesagt haben wird.

D

Meine erste Frage betrifft das Wesen der Mikro-Analyse, die Michel von Ü. *und S.* an etablierte. Der Unterschied zwischen „Mikro" und „Makro" war natürlich kein Größenunterschied in dem Sinne, daß die Dispositive der Macht kleine Gruppen betroffen hätten (die Familie hat nicht

4 „Die Machtverhältnisse durchziehen das Körperinnere" dt. v. J. Kranz, in: M. Foucault, *Dispositive der Macht. Über Sexualität, Wissen und Wahrheit*, (S.104-117). Berlin: Merve, 1978.

weniger Ausdehnung als jede andere Formation). Ebenso wenig handelt es sich um einen äußeren Dualismus, denn es gibt Mikro-Dispositive, die dem Staatsapparat immanent sind, und da Segmente des Staatsapparats auch in die Mikro-Dispositive eindringen, gibt es eine vollständige Immanenz der beiden Dimensionen. Heißt das also, daß der Unterschied ein Maßstabsunterschied ist? Eine Seite von *W.W.* (S.121) weist diese Interpretation ausdrücklich zurück. Aber diese Seite scheint das Makro auf das strategische Modell und das Mikro auf das taktische Modell zu beziehen. Was mich stört, denn die Mikro-Dispositive scheinen bei Michel sehr wohl eine strategische Dimension zu haben (vor allem wenn man das Diagramm berücksichtigt, von dem sie nicht zu trennen sind). - Eine andere Richtung wäre diejenige der „Kräfteverhältnisse", die das Mikro bestimmen: vgl. insbesondere das Gespräch mit L. Finas. Diesen Punkt: die ihm eigentümliche Auffassung der Kräfteverhältnisse, des (wie er es nennt) Kraftverhältnisses hat Michel aber, glaube ich, noch nicht entwickelt. Das müßte ein Konzept sein, das ebenso neu ist wie alles übrige.

Auf jeden Fall besteht ein Wesensunterschied, eine Heterogenität zwischen Mikro und Makro. Was die Immanenz der beiden keineswegs ausschließt. Aber meine Frage wäre letztlich folgende: Kann man angesichts dieses Wesensunterschieds überhaupt noch von Dispositiven der Macht sprechen? Auf der Ebene einer Mikro-Analyse ist der Staatsbegriff nicht anwendbar, da es, wie Michel sagt, nicht darum geht, den Staat zu miniaturisieren. Aber ist der Macht-Begriff besser anwendbar, ist er nicht auch die Miniaturisierung eines globalen Konzepts?
Ich komme daher zu meiner ersten derzeitigen Differenz zu Michel. Wenn ich mit Félix[5] vom Gefüge des Begehrens (*agencement de désir*) spreche, so darum, weil ich nicht sicher bin, daß die Mikro-Dispositive in Begriffen von Macht beschrieben werden können. Für mich macht „Gefüge des Begehrens" deutlich, daß das Begehren niemals eine „natürliche" oder eine „spontane" Bestimmung ist. Zum Beispiel ist das Feudalwesen ein Gefüge, das neue Ver-

5 Gemeint ist natürlich Félix Guattari.

hältnisse zum Tier (dem Pferd), zur Erde, zur Deterritorialisierung (Ritter-Wettkämpfe, die Kreuzzüge), zu den Frauen (die ritterliche Liebe)... usw. aufbringt. Vollkommen verrückte, aber immer historisch bestimmbare Gefüge. Ich für mein Teil würde sagen, daß das Begehren in diesem Heterogenen-Gefüge, dieser Art von „Symbiose“ zirkuliert: Das Begehren ist nichts anderes als ein bestimmtes Gefüge, ein gemeinsames Funktionieren. Natürlich wird ein Gefüge des Begehrens auch Dispositive der Macht umfassen (zum Beispiel die Feudalmächte), aber man muß sie innerhalb der unterschiedlichen Bestandteile des Gefüges verorten. Entlang einer ersten Achse kann man in den Gefügen des Begehrens die Zustände der Dinge und die Äußerungen unterscheiden (was konform zu Michels Unterscheidung von zwei Arten von Formationen oder Mannigfaltigkeiten wäre). Auf einer anderen Achse müßte man die Territorialitäten oder Re-Territorialisierungen und die Deterritorialisierungsbewegungen, die ein Gefüge antreiben, unterscheiden (zum Beispiel alle Deterritorialisierungsbewegungen, die die Kirche, das Rittertum, die Bauern antreiben). Die Dispositive der Macht würden überall auftauchen, wo sich Re-Territorialisierungen (auch abstrakte) vollziehen. Die Dispositive der Macht wären also ein Bestandteil der Gefüge. Aber die Gefüge würden auch Deterritorialisierungsspitzen in sich tragen. Kurzum, nicht die Dispositive der Macht würden etwas zusammenfügen oder etwas konstituieren, sondern die Gefüge des Begehrens würden die Machtformationen innerhalb einer ihrer Dimensionen ausbreiten. Was mir ermöglichen würde, auf die (für mich, nicht für Michel notwendige) Frage zu antworten: Wie kann die Macht begehrt werden? Die erste Differenz wäre also, daß die Macht für mich eine Affektion des Begehrens ist (wobei festzuhalten ist, daß das Begehren niemals eine „natürliche Realität" ist). All dies gilt nur näherungsweise: Zwischen den beiden Bewegungen der Deterritorialisierung und der Re-Territorialisierung bestehen kompliziertere Verhältnisse, als ich ausgeführt habe. Aber in diesem Sinne scheint mir das Begehren primär und Grundbestandteil einer Mikro-Analyse zu sein.

E

Noch immer folge ich Michel in einem Punkt, der mir grundlegend zu sein scheint: weder Ideologie noch Repression. Die Aussagen oder vielmehr die Äußerungen haben beispielsweise nichts mit Ideologie zu tun. Die Gefüge des Begehrens haben nichts mit Repression zu tun. Aber bei den Dispositiven der Macht habe ich offensichtlich nicht die Entschlossenheit Michels. Angesichts des doppeldeutigen Status, den sie für mich haben, gleite ich ab ins Ungefähre: In *Ü. und S.* sagt Michel, daß die Dispositive normalisieren und disziplinieren; ich würde sagen, daß sie kodieren und reterritorialisieren (ich vermute, daß auch das etwas anderes ist als eine Unterscheidung von Wörtern). Aber angesichts meines Primats des Begehrens über die Macht oder des sekundären Charakters, den die Dispositive der Macht für mich haben, bewahren ihre Verrichtungen doch eine repressive Wirkung, und zwar nicht weil sie das Begehren als natürliche Gegebenheit auslöschen, sondern weil sie den Gefügen des Begehrens ihre Spitzen nehmen. Ich nehme eine der schönsten Thesen aus *W.W.*: Das Sexualitätsdispositiv reduziert die Sexualität auf das Geschlecht (auf den Unterschied der Geschlechter... usw., und die Psychoanalyse ist an dieser Reduzierung voll beteiligt). Ich sehe da einen Repressionseffekt, genau an der Grenze von Mikro und Makro: die Sexualität als historisch veränderliches und bestimmbares Gefüge des Begehrens wird mit ihren Kombinations-, Strom- und Deterritorialisierungsspitzen auf eine molare Instanz, „das Geschlecht", reduziert werden; und selbst wenn die Verfahren dieser Reduzierung nicht repressiv sind, ist der (nicht-ideologische) Effekt insofern repressiv, als die Gefüge zerstört werden, nicht nur in ihrer Potentialität, sondern in ihrer Mikro-Realität. Dann können die Gefüge nur noch fortbestehen als Fantasmen, durch die sie verändert und vollkommen verdreht werden, oder als schambehaftete Angelegenheiten... usw. Kleines Problem, das mich sehr interessiert: Warum sind einige „Gestörte" eher als andere für die Scham anfällig und sogar von der Scham abhängig (Bettnäßer, Magersüchtige sind für die

Scham beispielsweise kaum anfällig). Ich brauche also ein bestimmtes Repressionskonzept, nicht in dem Sinne, daß die Repression sich auf eine Spontaneität bezieht, sondern daß die kollektiven Gefüge viele Dimensionen haben und daß die Dispositive der Macht nur eine dieser Dimensionen sind.

F

Ein weiterer grundlegender Punkt: Ich glaube, daß die These „weder Repression noch Ideologie" ein Korrelat hat und vielleicht selbst von diesem Korrelat abhängt. Ein gesellschaftliches Feld definiert sich nicht durch seine Widersprüche. Der Begriff des Widerspruchs ist ein globaler, unangemessener Begriff, der schon eine weitgehende Übereinkunft des „Widersprüchlichen" in den Dispositiven der Macht (zum Beispiel den beiden Klassen, Bürgertum und Proletariat) impliziert. Und mir scheint tatsächlich, daß eine weitere große Neuheit der Theorie der Macht bei Michel dies sein könnte: Eine Gesellschaft widerspricht sich nicht oder kaum. Seine Antwort ist aber: Sie strategisiert sich, sie strategisiert. Und das finde ich sehr schön. Ich sehe deutlich den ungeheuren Unterschied (Strategie - Widerspruch). In dieser Hinsicht müßte ich noch einmal Clausewitz lesen. Trotzdem fühle ich mich nicht wohl in dieser Idee.

Ich für mein Teil würde sagen: Eine Gesellschaft, ein gesellschaftliches Feld widerspricht sich nicht, sondern primär flieht es. Zunächst flieht es aus allem. Es sind die Fluchtlinien, die primär sind (selbst wenn 'primär' nicht chronologisch gemeint ist). Weit davon entfernt, sich außerhalb des gesellschaftlichen Feldes zu verlaufen oder herauszuführen, bilden die Fluchtlinien sein Rhizom oder seine Kartographie. Die Fluchtlinien sind ungefähr dasselbe wie die Deterritorialisierungsbewegungen: Sie implizieren keinerlei Rückkehr zur Natur. Sie sind die Deterritorialisierungsspitzen in den Gefügen des Begehrens. Was im Feudalwesen primär ist, sind die Fluchtlinien, die es voraussetzt; ebenso wie im 10.-12. Jahrhundert; ebenso wie in der Formation des Kapitalismus. Die Fluchtlinien sind nicht zwangsläufig „revolutionär", im

Gegenteil. Aber sie sind es, die durch die Dispositive der Macht versperrt, blockiert werden. All die Deterritorialisierungslinien, die sich um das 11. Jahrhundert herum loslösen: die letzten Einwanderungen, die Plünderbanden, die Deterritorialisierung der Kirche, der Wegzug der Bauern, die Veränderung des Rittertums, die Veränderung der Städte, die mehr und mehr die territorialen Modelle aufgeben, die Veränderung des Geldes, das in neue Kreisläufe eintritt, die Änderung in der Rolle der Frauen mit den Themen der höfischen Liebe, die sogar die ritterliche Liebe deterritorialisieren... usw. Die Strategie wird nur sekundär sein können in bezug auf die Fluchtlinien, auf ihre Vereinigungen, ihre Ausrichtungen, ihre Konvergenzen oder Divergenzen. Noch da finde ich das Primat des Begehrens wieder, denn das Begehren steckt eben in den Fluchtlinien, der Vereinigung und Auflösung von Strömen. Es vermengt sich mit ihnen.

Es scheint mir also, daß Michel auf ein Problem stößt, das für mich überhaupt nicht denselben Stellenwert besitzt. Denn falls die Dispositive sind, kann es gegen sie nur Momente von „Widerstand" geben, und die Frage bezieht sich auf den Stellenwert dieser Phänomene. Tatsächlich werden auch sie weder ideologisch noch anti-repressiv sein. Daher die Wichtigkeit der beiden Seiten in W.*W.*, auf denen Michel sagt: Daß man mich nicht dazu bringt, zu behaupten, diese Erscheinungen seien eine Täuschung... Aber welchen Stellenwert wird er ihnen beimessen? Hier gibt es mehrere Richtungen: 1.) diejenige von *W.W.* (S.116-117), in der die Widerstandsphänomene wie ein umgekehrtes Bild der Dispositive sind; sie haben dieselben Merkmale, Verbreitung, Heterogenität... usw., sie sind das „Gegenüber"; aber diese Richtung scheint mir eher Ausgänge zu versperren, als einen zu öffnen; 2.) die Richtung des Interviews in *Politique Hebdo* [6]: Falls die Dispositive der Macht wahr-

[6] „La Fonction politique de l'intellectuel", *Politique Hebdo*, 29 (1976). Vgl. dazu die textidentische Passage in „Wahrheit und Macht. Interview mit A. Fontana und P. Pasquino" (a. d. Ital. v. E. Wehr), in: M. Foucault, *Dispositive der Macht*, op. cit., S. 44-54.

heitskonstitutiv sind, falls es eine Wahrheit der Macht gibt, muß es als Gegenstrategie eine Art Macht der Wahrheit, gegen die Mächte, geben. Daher das Problem der Rolle des Intellektuellen bei Michel und seine Weise, die Wahrheitskategorie wieder einzuführen, indem er sie vollständig erneuert und von der Macht unabhängig macht. Wird er bei dieser Erneuerung wieder ein Thema finden, das sich gegen die Macht wenden läßt? Ich sehe da nicht, wie. Man muß abwarten, bis Michel diese neue Konzeption der Wahrheit auf der Ebene seiner Mikro-Analyse ausführt; 3.) eine dritte Richtung wären die Lüste, der Körper und seine Lüste. Auch hier warte ich ab: Wie beleben die Lüste die Gegen-Mächte, und wie faßt er diesen Begriff der Lust?
Mir scheint, daß es drei Begriffe gibt, die Michel in einem vollkommen neuartigen Sinn auf-greift, ohne sie aber bisher entwickelt zu haben: Kraftverhältnisse, Wahrheiten, Lüste.
Bestimmte Probleme stellen sich für mich, die sich für Michel nicht stellen, weil sie bei ihm durch eigene Untersuchungen bereits gelöst sind.

Umgekehrt sage ich mir, um mir Mut zu machen, daß sich andere Probleme für mich nicht stellen, die sich für ihn notgedrungen aufgrund seiner Thesen und seiner Empfindungen stellen. Die Fluchtlinien, die Deterritorialisierungsbewegungen - als historische, kollektive Determinationen - scheinen mir bei Michel über kein Äquivalent zu verfügen. Für mich gibt es kein Problem eines Stellenwertes der Widerstandsphänomene: Da die Fluchtlinien die primären Determinationen sind, da das Begehren das gesellschaftliche Feld zusammenfügt, sind es eher die Dispositive der Macht, die von diesen Gefügen hervorgebracht werden und die Gefüge zugleich eindämmen oder erdrücken. Ich teile Michels Abscheu vor denen, die sich als Außenseiter bezeichnen: Der Romantizismus des Wahnsinns, des Verbrechens, der Perversion, der Droge wird mir immer unerträglicher. Aber die Fluchtlinien, das heißt die Gefüge des Begehrens sind für mich nicht durch die Außenseiter geschaffen worden. Es sind im Gegenteil objektive Linien, die eine Gesellschaft durchziehen, auf denen sich hier oder da die Außenseiter einrichten, um eine Schleife, einen Wirbel, eine Recodierung zu vollbringen. Ich brauche also keinen Stellenwert der Widerstandsphänomene - wenn es die primäre Gegebenheit einer Gesellschaft ist, daß dort alles flieht, sich alles deterritorialisiert. Daher werden der Status des Intellektuellen und das politische Problem für Michel und für mich theoretisch nicht dasselbe sein. (Ich werde gleich zu sagen versuchen, wie ich diesen Unterschied sehe.)

G

Als wir uns das letzte Mal gesehen haben, sagte Michel zu mir, auf sehr nette und wohlwollende Art, ungefähr folgendes: „Ich kann das Wort 'Begehren' nicht leiden, selbst wenn ihr es anders gebraucht, spüre und denke ich unwillkürlich, daß Begehren = Mangel oder Unterdrückung ist". Er fügt hinzu: „Aber vielleicht ist das, was ich 'Lust' nenne, dasjenige, was ihr 'Begehren' nennt. Auf alle Fälle brauche ich jedoch ein anderes Wort als 'Begehren'."
Natürlich ist das wiederum etwas anderes als

eine Frage der Worte. Denn ich, meinerseits, ertrage kaum das Wort „Lust". Aber warum? Für mich beinhaltet Begehren keinen Mangel; es ist auch keine natürliche Gegebenheit; es ist nichts anderes als ein Heterogenen-Gefüge, das funktioniert; es ist Prozeß, im Gegensatz zu Struktur oder Genese; es ist Affekt, im Gegensatz zu Gefühl; es ist Haeccëitas (Individualität eines Tages, einer Jahreszeit, eines Lebens), im Gegensatz zu Subjektivität; es ist Ereignis im Gegensatz zu Ding oder Person. Und vor allem impliziert es die Konstitution eines Immanenzfeldes oder eines „Körpers ohne Organe", der sich nur durch Intensitätszonen, Schwellen, Gradienten, Ströme definiert. Dieser Körper ist sowohl biologisch als auch kollektiv und politisch; auf ihm entstehen und vergehen die Gefüge, er ist es, der die Deterritorialisierungsspitzen der Gefüge und die Fluchtlinien trägt. Er variiert (der Körper ohne Organe des Feudalwesens ist nicht derselbe wie der des Kapitalismus). Wenn ich ihn Körper ohne Organe nenne, so deshalb, weil er sich allen Organisationsschichten widersetzt, denen des

Organismus, aber auch den Organisationen der Macht. Es ist die Gesamtheit der Organisationen des Körpers, die den Immanenzplan oder das Immanenzfeld zerschlagen und die dem Begehren eine andere Art von „Plan“ aufzwängen werden, indem sie jedesmal den Körper ohne Organe in Schichten gliedern.

All das ist für mich dermaßen verworren, weil sich für mich im Vergleich zu Michel mehrere Probleme stellen:

1.) Ich kann der Lust keinen positiven Wert beimessen, denn die Lust scheint mir den Prozeß, der dem Begehren immanent ist, zu unterbrechen; die Lust scheint mir zu den Schichten und zur Organisation zu gehören; und aus derselben Haltung heraus wird das Begehren vorgestellt als von innen her dem Gesetz unterworfen und von außen her durch die Lüste skandiert; in beiden Fällen wird ein dem Begehren eigenes Immanenzfeld negiert. Ich sage mir, daß es kein Zufall ist, daß Michel Sade eine bestimmmte Bedeutung beimißt, ich hingegen Masoch. Zu sagen, daß ich masochistisch bin und Michel sadistisch, kann nicht ausreichen. Das könnte stimmen, aber es ist nicht wahr. Was mich bei Masoch interessiert, sind nicht die Schmerzen, sondern die Vorstellung, daß die Lust die Positivität des Begehrens und die Konstitution seines Immanenzfeldes unterbricht (ebenso, oder vielmehr auf andere Weise wie in der höfischen Liebe: Konstitution eines Immanenzplans oder eines Körpers ohne Organe, wo es dem Begehren an nichts mangelt und es sich so weit als möglich vor den Lüsten in acht nimmt, die seinen Prozeß unterbrechen können). Die Lust scheint mir für eine Person oder ein Subjekt das einzige Mittel zu sein, „sich darin wiederzufinden“: in einem Prozeß, der sie überwältigt. Sie ist eine Re-Territorialisierung. Und aus meiner Sicht ist das Begehren auf diesselbe Weise auf das Gesetz des Mangels und auf die Norm der Lust bezogen.

2.) Wesentlich ist dagegen Michels Idee, daß die Dispositive der Macht zum Körper ein unmittelbares und direktes Verhältnis haben. Aber für mich gilt das insofern, als sie den Körpern eine Organisation aufzwingen. Während der Körper ohne Organe Ort oder Träger von Deterritorialisierung (und dadurch Immanenzplan des Begehrens) ist, bewirken all die Organisationen, das ganze System dessen, was Michel die „Bio-Macht“ nennt, Reterritorialisierungen des Körpers.

3.) Welche Entsprechungen sind für mich denkbar? Entspricht das, was für mich „Begehren - Körper ohne Organe“ ist, dem, was für Michel „Lust - Körper“ ist? Kann ich die Unterscheidung „Körper - Fleisch“, von der Michel mir erzählte, in Beziehung zu „Körper ohne Organe - Organismus“ setzen? Siehe dazu *W.W.* S.172, eine sehr wichtige Seite über das Leben, das den Widerstandskräften einen möglichen Stellenwert verleiht. Dieses Leben, eben dasjenige, von dem Lawrence spricht, ist für mich keineswegs Natur, es ist - quer durch alle determinierten Gefüge hindurch - genau der variable Immanenzplan des Begehrens. Eine Konzeption des Begehrens bei Lawrence in Beziehung zu den positiven Fluchtlinien. (Kleines Detail: die Art und Weise, in der sich Michel am Ende von *W.W.* Lawrence' bedient, ist der meinen entgegengesetzt.)

H

Ist Michel bei dem Problem vorangekommen, das uns beschäftigt hat: an der Berechtigung einer Mikro-Analyse (Verteilung, Heterogenität, parzellärer Charakter) festzuhalten und trotzdem irgendein Vereinheitlichungsprinzip zu finden, das nicht von der Sorte „Staat“, „Partei“, Totalisierung, Repräsentation ist?
Zunächst von seiten der Macht selbst: Ich komme auf die beiden Richtungen von Ü. *und S.* zurück, einerseits der diffuse und parzelläre Charakter der Mikro-Dispositive, aber andererseits auch das Diagramm oder die abstrakte Maschine, die die Gesamtheit des gesellschaftlichen Feldes überzieht. Ein Problem, scheint mir, blieb in *Ü. und S.* das Verhältnis zwischen diesen beiden Instanzen der Mikro-Analyse. Ich glaube, daß sich die Frage in *W.W.* etwas verändert: Dort sind die beiden Richtungen der Mikro-Analyse eher die Mikro-Disziplinen einerseits und die biopolitischen Prozesse andererseits (S. 166ff.). Das ist es, was ich im Punkt C dieser Aufzeichnungen sagen wollte. Wobei die Perspektive von *Ü. und*

S. nahelegen würde, daß das (auf die globale Instanz des Staates irreduzible) Diagramm vielleicht eine Mikro-Vereinheitlichung dieser kleinen Dispositive bewerkstelligt. Heißt das nun, daß die bio-politischen Prozesse diese Aufgabe erfüllen? Ich gestehe, daß mir der Begriff des Diagramms sehr ergiebig vorkam: Wird Michel ihn auf diesem neuen Gebiet wiederaufgreifen?

Aber wie kann man von den Widerstandslinien oder von dem aus, was ich Fluchtlinien nenne, die Beziehungen oder Verbindungen, die Konjunktionen, die Vereinheitlichungsprozesse erfassen? Ich würde sagen, daß das kollektive Immanenzfeld, auf dem in einem bestimmten Moment die Gefüge entstehen und ihre Fluchtlinien ziehen, auch ein echtes Diagramm hat. Es muß also das komplexe Gefüge gefunden werden, das in der Lage ist, dieses Diagramm zu zeichnen, indem es die Konjunktion der Deterritorialisierungslinien oder -spitzen zustande bringt. In diesem Sinne spreche ich von einer Kriegsmaschine, die sich vom Staatsapparat ebenso klar unterscheidet wie von den Einrichtungen des Militärs und den Dispositiven der Macht. Man hätte also einerseits: Staat - Diagramm der Macht (wobei der Staat der molare Apparat ist, der die Mikro-Gegebenheiten des Diagramms als Organisationsplan zeichnet); andererseits Kriegsmaschine - Diagramm der Fluchtlinien (wobei die Kriegsmaschine das Gefüge ist, das die Mikro-Gegebenheiten des Diagramms als Immanenzplan zeichnet). An diesem Punkt höre ich auf, denn das würde zwei sehr unterschiedliche Plan-Typen ins Spiel bringen, eine Art transzendenten Organisationsplan und den immanenten Plan der Gefüge, wobei man auf die genannten Probleme zurückkommen würde. Und da weiß ich nicht mehr, wie ich mich zu Michels gegenwärtigen Untersuchungen stellen soll.

[Zusatz: Was mich an den beiden entgegengesetzten Zuständen des Plans oder des Diagramms interessiert, ist ihre historische Konfrontation in sehr verschiedenen Formen. In einem Fall hat man einen Organisations- und Entwicklungsplan, der wesentlich versteckt ist, aber alles sichtbar macht, was gesehen werden kann; im anderen Fall hat man einen Immanenzplan, auf dem es nur noch Schnelligkeiten und Langsamkeiten gibt, keine Entwicklung, und auf dem alles gesehen, alles vernommen wird... usw. Der erste Plan vermengt sich nicht mit dem Staat, aber er ist mit ihm verbunden; der zweite ist hingegen mit einer Kriegsmaschine, mit einem Tagtraum von einer Kriegsmaschine verbunden. Auf der Ebene der Natur thematisieren Cuvier, aber auch Goethe den ersten Plan-Typ; Hölderlin im *Hyperion*, aber noch mehr Kleist thematisieren den zweiten Typ. Infolgedessen zwei Typen von Intellektuellen; und das, was Michel in dieser Hinsicht sagt, wäre zu vergleichen mit dem, was er über die Stellung des Intellektuellen sagt. Ebenso in der Musik, wo die beiden Konzeptionen von Ton-Plänen aufeinanderprallen. Die Verbindung Wissen-Macht, so wie Michel sie analysiert, ließe sich folgendermaßen erklären: Die Mächte implizieren einen Diagramm-Plan des ersten Typs (zum Beispiel die griechische Stadt und die euklidische Geometrie). Aber umgekehrt, seitens der Gegen-Mächte und mehr oder weniger in Verbindung mit den Kriegsmaschinen, gibt es den anderen Plan-Typ, Arten von „minoritärem“ Wissen (die archimedische Geometrie; oder die Geometrie der Kathedralen, die vom Staat bekämpft werden wird): ein umfassendes Wissen, das zu den Widerstandslinien gehört und das nicht dieselbe Form hat wie das andere Wissen?]

Raymond Roussel oder der horror vacui

Das Werk Raymond Roussels, mit dessen Wiederveröffentlichung der Pauvert-Verlag begonnen hat, umfaßt zwei Arten von Büchern: Die Gedicht-Bücher, die minutiöse Beschreibungen von Miniatur-Objekten (zum Beispiel ein ganzes Schauspiel über ein Evian-Wasserflaschen-Etikett) oder von Verdoppelungsobjekten (Schauspielern, Karnevalsmasken und -maschinerien) enthalten. Andererseits die sogenannten „Bücher mit Verfahren“: Ausdrücklich oder unausdrücklich wird von einem Einführungssatz ausgegangen (z.B.: „*les lettres du blanc sur les bandes du vieux billard* [Die Buchstaben aus Weiß auf den Banden des alten Billardtisches]“), und am Schluß trifft man wieder auf denselben oder fast denselben Satz („*les lettres du blanc sur les bandes du vieux pillard* [Die Briefe des Weißen über die Banden des alten Plünderers]“), aber im Raum dazwischen taucht eine ganze Welt von Beschreibungen und Aufzählungen auf, in der dieselben Wörter in doppelter Bedeutung verwendet werden und so zwei unterschiedliche Leben leben, oder in der sie zerlegt werden, damit aus ihnen andere Worte hervorgehen („*j'ai du bon tabac*... [Ich habe guten Tabak...]" = „*jade tube onde aubade*... [Jade Rohr Welle Ständchen...]")[1].

Dieser Autor, der von den Surrealisten bis hin zu Robbe-Grillet soviel Einfluß gehabt hat, ist nach wie vor kaum bekannt. Michel Foucault veröffentlicht einen erstaunlichen Kommentar von großer poetischer und philosophischer Kraft[2]. Die Schlüssel des Werks findet er in einer Richtung, die sehr von der abweicht, die die Surrealisten angezeigt hatten. Es scheint unerläßlich zu sein, die Lektüre von Roussel mit der des Buches von Foucault zu verbinden.

Wie kann man sich das „Verfahren" erklären? Nach Michel Foucault existiert in der Sprache eine Art wesentlicher Abstand, Verschiebung, Zerlegung oder Riß. Deshalb sind die Worte

[1] Bei Pauvert bereits erschienen: *Comment j'ai écrit certains de mes livres*, *La Doublure*, *Impressions d'Afrique*.

[2] Michel Foucault, *Raymond Roussel*. Paris, 1963; — dt. v. R. Hörisch-Heligrath. Frankfurt/M., 1989.

weniger zahlreich als die Dinge, und deshalb hat jedes Wort mehrere Bedeutungen. Die Literatur des Absurden glaubte, daß der Sinn fehlt; tatsächlich sind es die Zeichen, die fehlen.

Es gibt also eine Leere, die sich im Inneren eines Wortes auftut: Die Wiederholung des Wortes legt die Differenz seiner Bedeutungen offen. Ist das der Beweis einer Unmöglichkeit der Wiederholung? Nein; und eben dort setzt der Versuch von Roussel an: Es geht darum, diese Leere maximal zu vergrößern, sie solchermaßen bestimmbar und vermessbar zu machen und sie sogleich durch eine ganze Maschinerie, durch eine Fantasmagorie auszufüllen, die die Differenzen mit der Wiederholung verbindet und sie in diese aufnimmt.

Die Wörter „*demoiselle* [junge Frau] *à prétendant* [Verehrer]" führen beispielsweise zu „*demoiselle* [Ramme] *à reître en dents* [Haudegen aus Zähnen]", und wie bei einer Gleichung besteht das Problem in der Ausführung eines Mosaiks durch eine Ramme. Die Wiederholung muß eine paradoxe, poetische und umfassende Wiederholung werden. Statt die Differenz zu reduzieren, muß sie diese in sich umfassen. Die Armut der Sprache muß also zu ihrem Reichtum werden. Foucault meint: „Nicht die laterale Wiederholung der Dinge, die man nachspricht, sondern jene radikale, die über die Nicht-Sprache hinausgegangen ist und dieser überschrittenen Leere ihren poetischen Status verdankt (...)“[3].

Wodurch wird die Leere ausgefüllt und überschritten? Durch außergewöhnliche Maschinen, durch merkwürdige Handwerker-Schauspieler. Die Dinge und die Wesen folgen hier der Sprache nach. Alles in den Mechanismen und den Verhaltensweisen ist Imitation, Reproduktion, Rezitation. Aber Rezitation eines einzigen Dings, eines unglaublichen Ereignisses, die beide absolut differieren. Als ob Roussels Maschinen die Technik des Verfahrens übernehmen würden: Wie der „*métier* [Webstuhl] *à aubes* [Schaufeln eines Wasserrades]“, der zugleich auf einen Beruf [*métier*] verweist, der uns dazu zwingt, früh aufzustehen [*aubes* =

[3] Foucault, op.cit.[dt.Ausg.], S. 58f.

Morgendämmerungen]. Oder das Glas bzw. der Wurm (*ver*), der Zither spielt, indem er Wassertropfen auf jede Saite wirft. Roussel arbeitet vielfältige Wiederholungsreihen aus, die befreien: Die Gefangenen können ihr Leben durch die Wiederholung und die Rezitation retten, durch die Erfindung entsprechender Maschinen. Eben diese befrei-enden Maschinen sind poetisch, weil sie die Differenz nicht unterdrücken, sondern sie, im Gegenteil, erfahren und belegen, indem sie das Einzigartige verinnerlichen. Die Werke ohne Verfahren, die Gedicht-Bücher, erklären sich auf analoge Weise. Diesmal sind es die Dinge selbst, die sich mit Hilfe einer Miniaturisierung oder auch mit Hilfe einer Verdoppelung, eines *Doubles*, einer Maske, öffnen. Und nun wird die Leere durch die Sprache überschritten, die im Zwischenraum dieser Masken und Doubles eine ganze Welt erstehen läßt, so daß die Werke ohne Verfahren wie die Kehrseite des Verfahrens sind. In beiden Fällen ist das Problem, zu sprechen und zu gleicher Zeit sehen zu lassen, zu sprechen und sichtbar werden zu lassen.

Damit ist der Reichtum und die Tiefgründigkeit des Buches von Foucault kaum zum Ausdruck gebracht. In dieser Verflechtung der Differenz und der Wiederholung geht es nämlich auch um das Leben, den Tod und den Wahnsinn. Denn es scheint, daß die den Dingen und den Worten innewohnende Leere ein Todeszeichen ist, und daß das, was sie ausfüllt, die Anwesenheit von Wahnsinn ist.
Trotzdem ist es aber nicht so, daß der persönliche Wahnsinn von Raymond Roussel und sein dichterisches Werk ein Element positiv gemeinsam hätten. Im Gegenteil, man muß von einem Element sprechen, von dem ausgehend sich das Werk und der Wahnsinn gegenseitig ausschließen. Nur in diesem Sinn ist es gemeinsam. Dieses Element ist die Sprache. Denn der persönliche Wahnsinn und das poetische Werk, der Wahn und das Gedicht, stellen zwei Besetzungen der Sprache, auf zwei unterschiedlichen, sich ausschließenden Ebenen dar.
In seinem letzten Kapitel entwirft Foucault unter diesem Gesichtspunkt eine ganze Interpretation der Beziehungen Wahnsinn-Werk, die auf andere

Autoren anwendbar wäre und die von ihm vielleicht auf andere Autoren angewendet werden wird (Artaud?). Entscheidend ist das Buch von Michel Foucault nicht nur im Hinblick auf Roussel; es markiert auch eine wichtige Etappe in den persönlichen Untersuchungen des Autors, die vor allem die Beziehungen zwischen der Sprache, dem Blick, dem Tod und dem Wahnsinn betreffen[4].

[4] Vgl. Michel Foucault, *Psychologie und Geisteskrankheit* (1954 [dt.1968]), *Wahnsinn und Gesellschaft* (1961 [dt. 1969]) und, kürzlich, *Die Geburt der Klinik* (1963 [dt.1973]), in dem der Autor sagen kann: „In diesem Buch ist die Rede vom Raum, von der Sprache und vom Tod. Es ist die Rede vom Blick" [S.7].

Gilles Deleuze

Rhizom
mit Félix Guattari
1977 • 64 Seiten • 8,- DM • ISBN 3-920986-83-0

Der Faden ist gerissen
mit Michel Foucault
1977 • 144 Seiten • 12,- DM • ISBN 3-920986-84-9

Sprachen des Körpers
mit Beiträgen von Deleuze u.a.
1979 • 128 Seiten • 10,- DM • ISBN 3-88396-002-0

Nietzsche - ein Lesebuch
1979 • 128 Seiten • 12,- DM • ISBN 3-88396-003-9

Kleine Schriften
1980 • 128 Seiten • 12,- DM • ISBN 3-88396-015-2

Porzellan und Vulkan
1984 • 64 Seiten • 8,- DM • ISBN 3-88396-38-1

Spinoza. Praktische Philosophie
1988 • 176 Seiten • 18,- DM • ISBN 3-88396-59-4

Pariser Gespräche
mit Gilles Deleuze u.a.
1989 • 176 Seiten • 18,- DM • ISBN 3-88396-68-3

Kants kritische Philosophie
1990 • 164 Seiten • 18,- DM • ISBN 3-88396-73-X

Woran erkennt man den Strukturalismus?
1992 • 64 Seiten • 10,- DM • ISBN 3-88396-092-6

Tausend Plateaus
mit Félix Guattari
1992 • 720 Seiten • 78,- DM • ISBN 3-88396-087-X

Proust und die Zeichen
1993 • 176 Seiten • 18,- DM • ISBN 3-88396-99-3

Karten zu "Tausend Plateaus"
hg. von C.-C. Härle
1993 • 164 Seiten • 16,- DM • ISBN 3-88396-100-0

Bartleby oder die Formel
1994 • 64 Seiten • 10,- DM • ISBN 3-88396-113-2

Ästhetik und Maschinismus
mit Gilles Deleuze u.a.
1994 • 144 Seiten • 19,- DM • ISBN 3-88396-121-3

Merve Verlag Berlin